幸福実現党本部家宅捜索の真相を探る

エドガー・ケイシーによるスピリチュアル・リーディング

大川隆法
RYUHO OKAWA

JN170092

まえがき

安倍政権の国家社会主義的体制は着々と進みつつある。マスコミ各社の国家総動員化を進めつつ、警察の特高化《とっこうか》も押し進めている。

以前、政治哲学者ハンナ・アーレントは、多数の罪なきユダヤ人たちをガス室へと送る指揮をとった、アイヒマンの裁判を傍聴《ぼうちょう》して、「悪の平凡さ」を指摘し、ユダヤ人社会から孤立し、大学の教職からも追い出されそうになった。

アーレント女史が、今回の事件を見たら、「日本の警視庁捜査二課もヒトラーに忠実につかえるアイヒマンそっくりの表情ね。」とおっしゃるだろう。

北朝鮮のミサイル危機を二〇〇九年の立党時から七年訴え続けていた「国

防」を明確に主張した唯一の政党、幸福実現党本部に八月二日午前十時十分に家宅捜索が入り、NHKの十二時のニュースにタイムリーな映像が流れた。翌八月三日午前には、祝砲のように、北朝鮮から秋田県近辺にノドンミサイルが二発発射された。あまりの共時性《きょうじせい》と、悪の平凡さに驚きを禁じ得ない。

国難も、国益も理解せず、神仏への尊崇《そんすう》の気持ちで聖務を遂行《すいこう》している人たちと、その聖域を、現代のゲッベルスやアイヒマンたちは、土足《どそく》で汚《けが》したのである。

公職選挙法は、フェアな選挙を行うために与党が作成したものだが、その実、細かい法解釈にうとい新人やミニ政党を潰《つぶ》すために悪用されている。安倍首相が選挙前に大型景気対策や低所得層に一万五千円バラまきを公表して、実質上の国民の公然買収《こうぜんばいしゅう》をしても何の問題もなく、マスコミの社長を宴会接待しても、買収にはあたらず、タレントかどうかも判らないぐらいの人が選挙応援したとかで、交通費程度の金が動いたかどで何人もが逮捕でき、政党潰し、教団弾圧ができるのである。

本書は、エドガー・ケイシー霊による「リーディング」(霊査)である。日本国憲法にいう「信教の自由」や「言論・出版の自由」が本物かどうかを世に問う書でもある。

二〇一六年　八月四日

あなたがたの主《しゅ》　エル・カンターレ

幸福実現党本部　家宅捜索の真相を探る　目次

幸福実現党本部　家宅捜索《そうさく》の真相を探《さぐ》る

――エドガー・ケイシーによるスピリチュアル・リーディング――

二〇一六年八月三日　収録

6

政権やマスコミとの「言論戦」　111

「霊言現象《れいげんげんしょう》」とは、あの世の霊存在の言葉を語り下ろす現象のことをいう。これは高度な悟《さと》りを開いた者に特有のものであり、「霊媒現象《れいばいげんしょう》」（トランス状態になって意識を失い、霊が一方的にしゃべる現象）とは異なる。外国人霊の霊言の場合には、霊言現象を行う者の言語中枢《ちゅうすう》から、必要な言葉を選び出し、日本語で語ることも可能である。

なお、「霊言」は、あくまでも霊人《れいじん》の意見であり、幸福の科学グループとしての見解と矛盾《むじゅん》する内容を含《ふく》む場合がある点、付記しておきたい。

幸福実現党本部　家宅捜索《そうさく》の真相を探《さぐ》る

―エドガー・ケイシーによる
スピリチュアル・リーディング―

二〇一六年八月三日　収録

エドガー・ケイシー（一八七七〜一九四五）

アメリカの予言者、心霊治療家《しんれいちりょうか》。「眠《ねむ》れる予言者」「二十世紀最大の奇跡《きせき》の人」などと称《しょう》される。催眠《さいみん》状態で、病気の治療法や人生相談等について、一万四千件以上もの「リーディング（霊査《れいさ》）」を行った。エドガー・ケイシーの魂《たましい》の本体は医療系霊団《れいだん》の長《ちょう》であるサリエル（七大天使の一人）であるとされている（『永遠の法』〔幸福の科学出版刊〕参照）。

質問者　※質問順

酒井太守《さかいたいしゅ》（幸福の科学宗務《しゅうむ》本部担当理事長特別補佐《ほさ》）

大川直樹《おおかわなおき》（幸福の科学上級理事　兼《けん》　宗務本部第二秘書局担当）

磯野将之《いそのまさゆき》（幸福の科学理事　兼　宗務本部海外伝道推進室長　兼　第一秘書局担当局長）

［役職は収録時点のもの］

1　今回の捜査《そうさ》の黒幕とその意図《いと》をリーディングする

今回の事件に関する概要《がいよう》について

大川隆法　それでは、今回、報道されている件について、何が起きたのか、簡《かん》潔《けつ》に説明してもらえますか。

酒井　まず、昨日《さくじつ》（二〇一六年八月二日）の午前十時十分ごろ、幸福実現党に、警視庁捜査《そうさ》二課の捜査員が二十名ほど家宅捜索《そうさく》で入り、それ以前に逮捕《たいほ》されたテレンス・リー氏ほか二名の公職選挙法違反《いはん》（運動員買収容疑）に関する資料を押収《おうしゅう》していきました。

警視庁捜査二課としては、幸福実現党本部、あるいは、同東京都本部のいずれかがかかわっているのではないかということを見極《みきわ》めるために、この捜査に入ったと言われています。

また、これはリーク（情報漏洩《ろうえい》）があったと思われるのですが、当日、党に立ち入る瞬間《しゅんかん》をＮＨＫがテレビカメラで撮影《さつえい》しており、産経新聞が一緒《いっしょ》に来ていました。この二社があらかじめリークを受けて現場に来ていたと思われます。

そのあと、各社が追随《ついずい》してテレビ・新聞等が報道したこととなっています。

この事件は、テレンス・リーというタレントに街宣《がいせん》活動を依頼《いらい》し、それに対してお金を渡《わた》したということで、同氏らが運動員買収という容疑で逮捕されたのが発端《ほったん》です。

詳《くわ》しいところは分かりませんが、参院選で東京選挙区に出馬したトクマの街宣に絡《から》んで、Ｉ氏という方がいるのですが、Ｉ氏からテレンス・リーに封筒《ふうとう》を渡していたところを、おそらく写真に撮《と》られたのだろうと思われます。それに基《もと》づき、参院選公示後の六月二十三日の件について捜査が始まり、テレンス・リーほか二名の逮捕が行われました。そして、昨日、党の関与《かんよ》が疑われ、立ち入りが行われたという状況《じょうきょう》です。

かなり「周到《しゅうとう》な準備」を感じさせる一連の動き

大川隆法　幾《いく》つか不思議なところがあります。昨日《きのう》入ったということは、東京都知事選で自民・公明の推薦《すいせん》候補が百十万票差をつけられて大敗《たいはい》してから中《なか》一日置いてのことで、そのことに対して誰《だれ》も責任を取っていない段階で、こちらへの捜索が入ったわけです。

酒井　はい。

大川隆法　ですから、もし、今の話が事実であるならば、これは、あらかじめ「張り込《こ》み」的に入るなど、最初から十分に周到《しゅうとう》に仕込まれているようには思います。

そういうことであれば、参院選の結果に関しても、何か〝動いていたもの〟があった可能性もあることになりますね。

酒井　はい。

公権力による公職選挙法違反《いはん》、憲法違反の可能性も

大川隆法　某紙《ぼうし》によれば、「幸福実現党が立候補しなければ、自民党はあと四議席取れた」という分析《ぶんせき》が載《の》っていました。そういうことへの〝意趣《いしゅ》返し〟というか、今後、こちらの活動をさせないようにするために、あえてそれを仕込んでやったとしたならば、ある意味においては、公権力による公職選挙法違反《いはん》がなされたことになります。

警察を使って公職選挙法違反に当たる捜査を行い、選挙妨害《ぼうがい》をした者、ある

いは、憲法で保障されている「政党活動の自由」に対する違反をした者、「信教の自由」を侵害《しんがい》した者が、行政に携《たずさ》わる権力者のなかにいたように思われるので、非常に疑問を感じます。

聞いたところによれば、五万円が渡ったとかいうような話ではありますが、一般《いっぱん》的には、この程度のことで党本部まで入って家宅捜索をするなどというのは前代《ぜんだい》未聞《みもん》のことでしょう。

したがって、明らかに「目的性」があって行われている感じを受けます。

酒井　はい。

選挙報道ではまともに扱《あつか》わず、事件では真っ先に報道する意図

大川隆法　その日の十時に捜索が入ると同時に、それをＮＨＫがタイミングよく撮《と》っていて、十二時のニュースに流すなどといったことができたのは、これは、〝つるんで〟やっているとしか思えません。

選挙報道のときには政党としてまっとうに扱《あつか》わず、事件があったら幸福実現党の看板を映《うつ》して流すというのは、明らかに意図《いと》があるでしょう。

まあ、言葉遊びになりますが、「この糸（意図）は誰が操《あやつ》っているのか」という、この〝震源地《しんげんち》〟、すなわち、指示を出した当人は誰なのでしょうか。

そこで、警察が、「幸福の科学あるいは幸福実現党の組織的な活動によって、

買収が行われた」というようなことを、五万円程度の話で言っていることに対し、逆に、「それを誰が後ろから糸を引っ張って組織的に行《おこな》っているのか」ということを、当方としては突《つ》き止めてみたいと思います。

酒井　はい。

大川隆法　これは、政治活動とはいえ、日本の神々や、世界的な神と言えるような存在からのご支援《しえん》を受けての神聖なる活動でありますので、そこに〝土足〟で上がり込んで勝手に物を押収《おうしゅう》し、まるで重大な組織犯罪でもあるかのように報道してよい案件ではないはずです。

酒井　はい。

大川隆法　したがって、私としては、警視庁および報道各社に公然と謝罪をしていただきたいぐらいの気持ちを持っています。

私のほうは、テレンス・リー氏などという人は、もちろん、存在そのものも知りませんでしたし、この人が日本人だったというのも、記事を読んで初めて知ったぐらいでした。たまたま誰かの知り合い関係で行ったのか、思想的に当会に近いのかどうかも、私は存じ上げません。

そういうことで、組織的に何らかの命令が出て動いたということは絶対にありませんので、これについては、はっきりと申し上げておきます。

選挙というのは、いろいろな業界の人が集まってくるので、個人的なつながりのある人でそういうことがあったのかもしれませんけれども、私どもが存じ上げているような内容ではありません。

公権力であろうと、神聖な信仰《しんこう》を害する行為《こうい》は許されない

大川隆法　もう一つ言えば、公職選挙法そのものは〝ザル法〟ともいわれていますけれども、これは、殺人や傷害、盗《ぬす》みというような「自然犯」とは違《ちが》って「形式犯」であり、行政的に法律で固まったものに引っ掛《か》かったかどうかだけを見て捕《つか》まえるものです。

そのため、警察がかなり恣《し》意《い》的に使える犯罪であり、予算を握《にぎ》っているところあたりから見れば、そういう犯罪は簡単に握《にぎ》り潰《つぶ》すことができるし、そうで

ないところについては「見せしめとして捕まえる」という〝ノルマ〟が、毎回のように出され、落選した者のなかから一定の割合で捕まえるというやり方をしています。

すなわち、警察が「予算を消化し、仕事をしている」ということを見せるためにやるもので、言わば、「交通違反の取り締《し》まり」のノルマと同様のものでしょう。

しかし、こういうものは、宗教の神聖な信仰《しんこう》を害するような行為《こうい》であり、軽々しく使ってはならないものだと考えます。このへんに心得《こころえ》違いがあるならば、やはり、公務員として、警察であろうとも許されてはならないと考えます。

都知事選期間中の買収疑惑《ばいしゅうぎわく》と、大敗《たいはい》した与党陣営《よとうじんえい》の責任問題

大川隆法　それに加えて述べておくならば、都知事選の投票日の前には、安倍《あべ》首相から、「二十八兆円の経済対策をする」とか「低所得者層には平均一万五千円お金を給付する」などということも言われていたので、これこそ、公然たる買収そのものではないでしょうか。こういうことが当然のように行われている国というのは、おかしいのではないかと思います。

　後者の「低所得層に一万五千円ずつばら撒《ま》く」というのは、どうせ公明党あたりから出ている策でありましょうけれども、もはや「買収」に当たるでしょう。これによって都市部の低所得層の票を取ろうとしているわけです。

そして、あくまでも増田《ますだ》候補に入れさせようとしたわけでしょうけれども、それでも、結果として百十万票差がつき、〝落とし前〟がついていないことについて、今、責任を持っていくところがなく、内部の〝ガス抜き《ぬ》〟が必要ということで、〝スケープゴート（生贄《いけにえ》）〟を探しているのではないかという気がしてなりません。

それから、「週刊新潮《しんちょう》」でも報道があったと思いますが、「小池《こいけ》氏が、二〇〇九年に立候補したときに、幸福実現党の候補と手打ちをして立候補を取りやめてもらい、小池氏のほうが当選したのを、公明党と自民党がよく思っていない」というようなことが、小池氏の公認をしなかった理由ではないかといったことを出していました。

これに関し、幸福実現党から七海《ななみ》ひろこ氏が立候補したことについても、

「何か裏があるのではないか」と勘繰《かんぐ》っている節《ふし》もあります。

「小池氏は何もバックがついていないのに、あれほど決然《けつぜん》として、衆議院議員を辞《や》めてまでも立候補するというのはおかしいから、これには裏があって、何か取引でもしているのではないか」というような勘繰りがあって、最初から、そういうところを狙《ねら》っているのではないかと捉《とら》えている感じがしています。

まあ、そんなことを幾《いく》つか感じるところはありますし、あるいは、組織に隙《すき》がある部分もあったのかもしれません。

ただ、これについて、向こうは組織犯罪と言うのでしょうが、当会のような組織が全国的にやるのであれば、全国で買収がたくさん出てくるはずです。しかし、そんな指示が出ているわけはないですし、宗教団体として、犯罪に触《ふ》れるようなことを積極的にするはずがありません。やはり、これは何かに引っ掛けたかどうかということでしょう。

なお、だいたい予算権限を握っているところか、影響力《えいきょうりょく》を行使できるところあたりに、警察を動かせる人がいると考えられます。警視庁であれば、東京都の職員に当たるので、そうなると、東京都のほうで予算を握っている者、あるいは、実権を握っている者が動かすことは可能です。

また、もう一つ〝上〟から出ているかどうか、つまり、「内閣」のほうから出ているかどうかということも気になるところではあります。

エドガー・ケイシーのリーディングによって原因を究明する

大川隆法　今回、これにつきまして、リーディングによって、霊的《れいてき》に原因究明をしてみたいと思います。

何もなくて、単に、「警察としては、形式上、通常のとおりの捜査をして、その網《あみ》に引っ掛かったために逮捕しました」というだけなら、それまでかもしれません。しかし、もし後ろから糸を引いている者があるなら、それはどこからやっているのか、突き止めてみたいと思っております。

これは、単なる公務員が勝手に動けるようなものではないでしょう。そうという〝上〟のほうからの念書《ねんしょ》がなければ、つまり、「やっていい」という許可がなければ動けるはずがないので、このへんを調べたいということです。

なお、今日は、エドガー・ケイシーによるリーディングを行います。このへんについて、質問を通して、いろいろ訊《き》いていただきながら、だんだん、後ろから指示を出したのはどこであるのかまで、突き止めたいと考えております。

それでは、始めます。

エドガー・ケイシーよ。

エドガー・ケイシーよ。

類稀《たぐいまれ》なるリーディング能力を持ちし、エドガー・ケイシー霊に、お願い申し上げます。

今回、選挙違反事件について、異例に過ぎ、また、あまりにも計画的な捜査が行われております。これは、最終的には宗教に対する弾圧《だんあつ》にもつながるような気がしておりますので、どうか、その「透視《とうし》能力」、「調査能力」によって、どういうところから意図が働いているのかについて、お調べくださいますよう、心の底よりお願い申し上げます。

（約五秒間の沈黙《ちんもく》）

2 「党利《とうり》党略《とうりゃく》」か「国益」か

参院選前より全国の警察に出されていた「ある指示」とは？

エドガー・ケイシー （手を一回叩《たた》く）ケイシーです。

酒井　よろしくお願いいたします。

エドガー・ケイシー　はい。

酒井　それでは、今回の件の〝黒幕〟についてお訊《き》きしたいと思います。奥《おく》の奥まで入っていくかもしれませんけれども、まず、これに直接的に関与《かんよ》した者、指示を出した者がいると思います。

エドガー・ケイシー　うん。

酒井　約二十名の捜査員《そうさいん》が党本部を家宅捜索《そうさく》するという、異例の捜査が行われましたが、五万円の運動員買収容疑に関して家宅捜索までするのは通常ありえないことです。これに対し、まず、この捜査二課に直接的に指示を出した者について、リーディングをお願いしたいと思います。

エドガー・ケイシー　うーん。

（約十秒間の沈黙《ちんもく》）うーん、まあ、この話し合いは……、すでに参議院選の前より始まっていたように思います。

ですから、実は、警察のほうは全国に網《あみ》を張っており、「幸福実現党の選挙違反《いはん》は、どんな小さなものでもいいから捕《つか》まえるように」という指示が全国の警察に行き渡《わた》っていますね。

酒井　全国ですか。

エドガー・ケイシー　はい。全国の警察に、「幸福実現党の選挙違反は絶対に見逃《みのが》すな」という指示が出ていますね。

大川直樹　そうしますと、警視庁だけではなくて、警察庁も関与している……。

エドガー・ケイシー　関与しています。

今回の件を画策した人物たちとは

酒井　警察庁が動いたということになると、（指示を出した者は）警察庁に対して影響力《えいきょうりょく》を持っている者？

エドガー・ケイシー　うーん。

磯野　国家公安委員会、あるいは、その上の内閣府でしょうか。

大川直樹　国家公安委員長なども政治家でありますけれども。

エドガー・ケイシー　うーん……。まあ、今回、国家公安委員長が替《か》わりましたけれども、それも関係があるとは思います。ただ、やっぱり、まだ〝その上〟がいるはずですねえ。

酒井　そうですね。このあたりについて、リーディングをお願いできればと思います。

エドガー・ケイシー　（息を吸って、大きく吐《は》く）

（約二十五秒間の沈黙）麻生《あそう》さんが、安倍《あべ》さんに提案していますね。

酒井　麻生さんですか。

エドガー・ケイシー　うん。麻生さんが安倍さんに提案して、あと……、何人かの大臣ですね。菅《すが》さんもご存じですねえ。

酒井　菅さん……。

エドガー・ケイシー　菅さん、それから、今は入院されているはずですが……。

酒井　谷垣《たにがき》さんでしょうか。

エドガー・ケイシー　うん、谷垣（前）幹事長。それから……、（約五秒間の沈黙）うーん……、（約五秒間の沈黙）うーん……。

まあ、警察庁の局長レベルまではいそうな……。

酒井　あっ、その会議のなかに一緒《いっしょ》に参加していた……。

エドガー・ケイシー　まあ、別かもしれませんが。

酒井　別ですか。

エドガー・ケイシー　はい。それは別かもしれませんが、やってます。あとは、東京都連ですねえ。東京都連のほうも関係は出てきてますけどね。

酒井　都連ですね。

エドガー・ケイシー　都連の自民・公明のところにも……。

磯野　公明も入っていますか。

エドガー・ケイシー　今回はねえ。その「次の段階」は、そっちも入っていますね。

「公明党を黙《だま》らせる〝バーター〟として選ばれた幸福実現党

酒井　では、まず、麻生さんが安倍さんに提案しているところについてお訊《き》きしますが、なぜ、今回のようなことをしたほうがよいと考えたのか、何を語っていたのかというあたりのところを、お教えいただければと思います。

エドガー・ケイシー　「今回（の参院選）は、（議席の）三分の二を取る絶好の最後のチャンスかもしれないから、何としても取らねばならんので、マイナスの条件はできるだけ除去しておいたほうがいい」ということですねえ。

それと、「公明のほうが改憲に賛成するかどうかは、必ずしも分からないので、創価学会《そうかがっかい》、公明党のご機嫌《きげん》を損《そこ》ねるようなことがあってはならん」ということは言っていますね。

酒井　ご機嫌を損ねないために、この提案を実行すると。

エドガー・ケイシー　うん。ですから、「幸福の科学、および幸福実現党のほうを野放しにしておるではないか」と。このままだったら、公明党の機嫌が悪いから。公明党は、「幸福の科学に政党をつくらせない」ということが絶対条件。

酒井　絶対条件？

エドガー・ケイシー　うーん。これができなければ、やっぱり、憲法改正のときに、なかなか譲《ゆず》らない。

酒井　あ……。

エドガー・ケイシー　「環境権《かんきょう》」あたりを押《お》し込《こ》まれたところで、安倍さんの思うところを実現できるわけではありませんので。そういうことは付け足しで、彼らに〝花を持たせる〟ことであってもいいかもしらんけれども、やっぱり、憲法改正の重要なところに手をつけるためには、公明党を黙《だま》らせる〝バーター〟が必要だと。

前回（の大学設立のとき）も、創価学会からの突《つ》き上げによる公明党からの意見があって、幸福の科学大学を潰《つぶ》す（不認可）のに成功した。

酒井　あっ、それにも同じ意味があったのですか。

エドガー・ケイシー　ああ、やりました。これもやっています。公明党がやっておりますので、このときも協力した。

要するに、幸福の科学の信者登録をしている政治家であっても、公明党との連立を優先するために、これをいったん潰して、「公明党のほうの面子《メンツ》を立てる」ということをやったので、今回は二回目ですね。

酒井　二回目……。

エドガー・ケイシー　次は、「政党（幸福実現党）のほうに看板を下ろさせる」というのが、一つの目的。

酒井　政党の看板を下ろさせるんですね。

エドガー・ケイシー　看板を下ろさせるということが、一つの目的ですね。だから、「どんな小さなことでもいいから、選挙違反を取り締《し》まって、捕《つか》まえてくれ」と。まあ、もちろん、「公明党の選挙違反は見逃す」ことになっておりますけどもね。

酒井　見逃すと。

エドガー・ケイシー　だから、公明党は、今は捕まりませんから。まあ、そういうことで、網を張っていた。全国的に網を張って、そして、これくらいしか引っ掛《か》からなかったという。それも、信者じゃない人ですね。

酒井　はい。

エドガー・ケイシー　外部の人が絡《から》んだ案件で、〝隙《すき》〟があるようなところを引っ掛けたということですね。

酒井　なるほど。

エドガー・ケイシー　だから、もう、警察としては、「どこか引っ掛からないか」と必死で探していたところ、見つけられたということでございましょうね。

自民党は「国益」よりも「党利《とうり》党略《とうりゃく》」を優先している？

酒井　今回の選挙では、民進党などにも、「隠《かく》しカメラ」のようなものが入っていたようですけれども、こういうものも、麻生氏・安倍氏あたりのラインで決まっているのでしょうか。

エドガー・ケイシー　警察のほうは、「予算の承認権」を持っているところの意向……、もちろん、非公式に裏から話をされますから。首相官邸《かんてい》に行っては、いろんな人が面談しますでしょう？

酒井　はい。

エドガー・ケイシー　だいたい局長クラスぐらいまでは行ってますから、その間に言えば済むことですから。

酒井　今回の参院選に関しては、幸福実現党に対する捜査というか、〝網の張り方〟と、他党に対する網の張り方とでは、多少、比重が違《ちが》ったのでしょうか。

エドガー・ケイシー　うーん、まあ、今回は〝狙《ねら》い撃《う》ち〟ですね。

酒井　狙い撃ちですか。

エドガー・ケイシー　最初から狙ってた。最初から狙ってたので。

酒井　狙っていた?

エドガー・ケイシー　（幸福実現党が）全国の選挙区に候補者を立てたので、最初から狙ってましたね。

あれを本当は降ろして、自民のほうを応援《おうえん》するようにさせたかったんだけれども、それについて適当なツールがなかったということもあったと思いますけどもねえ。

まあ、よりによって、●北朝鮮《きたちょうせん》がまた、ミサイルを日本のギリギリのところま

●北朝鮮が……　2016年8月3日午前、北朝鮮は、ノドンとみられる中距離弾道ミサイルを2発発射した。そのうち1発の落下地点は、秋田県・男鹿《おが》半島の西およそ250キロの日本海上で、日本の排他的経済水域内。

で撃ったときに捜査をしなくてもいい。

酒井　そうですね。

エドガー・ケイシー　北朝鮮のミサイルの危機について訴《うった》えかけて立党した幸福実現党。そこを警察が捜査すれば、「警察は北朝鮮に買収されているのか」と思いますわねえ。

酒井　そうですね。

エドガー・ケイシー　まるで、そういうふうに見えますわね。

酒井　はい。まったくそのとおりです。

エドガー・ケイシー　まあ、そのへんの、「党利党略《とうりとうりゃく》のほうを優先して、国益のほうは優先していない」っていう状況《じょうきょう》でございますね。

酒井　なるほど。

今回のことが、三分の二の議席を取るための対策であるなら、選挙が終わったならばほぼ解決したということでよいのですが、そのあと、「政党の看板を下ろさせる」ということでした。

これは、要するに、「それ以降も追及《ついきゅう》せよ」という指令なのですか。

エドガー・ケイシー　まあ、（自民党は）公明のほうを協力させなきゃいけないですね？

酒井　はい。

エドガー・ケイシー　まあ、おおさか維新《いしん》だとか、ほかの政党も幾《いく》つか寄せ集めないといけないところもありますからねえ。

そういう意味では、「幸福実現党が組織力を持ち、今後、力を持ってくることは阻止《そし》したい」という気持ちが出てきている。本当、二、三万票の差でも落選することはよくありますので、みんな〝怖《こわ》さ〟を感じてはいるということですね。

3　都知事選をめぐる安倍《あべ》政権の思惑《おもわく》

家宅捜索《そうさく》の「指示を出した人物」と、「その真意」とは

酒井　ここでもう一つお訊《き》きしたいのですが、最近の時点で、もう一声《ひとこえ》あったような気がするのです。要するに、「公職選挙法違反《いはん》の買収容疑」という、あくまで五万円のこの微罪《びざい》に対して、党の本部の家宅捜索《そうさく》までいけると、「ゴー」を出した人間は誰《だれ》なのか、お分かりになりますでしょうか。

エドガー・ケイシー　（約十秒間の沈黙《ちんもく》）菅《すが》さんですね。

酒井　菅さんですか。

エドガー・ケイシー　うんうん。官房長官《かんぼうちょうかん》。

酒井　何と言っていたのでしょうか。誰に対して指示を出していたのでしょうか。何と言っていたでしょうか。

エドガー・ケイシー　いえ、今回（都知事選）は安倍《あべ》さんが、不利と見て、山《やま》梨《なし》にゴルフ静養に入って責任を取らないスタイルを取っていましたので、菅さんが代わりに増田《ますだ》（寛也《ひろや》）さんの応援《おうえん》をし、小池《こいけ》（百合子《ゆりこ》）さんをこき下ろす役割をしておりましたから。その流れのなかから、このへんは対策としてやっていると思いますね。

それで、（彼らが幸福の科学に対して持つ）「疑い」としては、「七海《ななみ》候補に投票しているだけではなく、実は裏で、小池さんのほうに、資金供与《きょうよ》や人的供与、その他、何らかの投票協力をしているのではないか」と疑っている。

だから、実際の家宅捜索の意味は、そうした、幸福実現党の候補者や応援依《い》頼《らい》をした人の立件だけではありません。幸福実現党の資料を調べ、経理資料や、その他会員名簿《めいぼ》等を調べながら、「資金が小池候補側に流れたりしていないか」、あるいは、「小池候補側の応援をしていた、警察が持っている資料のなかから、幸福の科学の影響力《えいきょうりょく》を使っている人材、人物が存在していないかどうか」。この「小池ルート」を立証するのが、家宅捜索の本当の意味です。

酒井　そうですか。

エドガー・ケイシー　はい。それで、ここを立証したら、マスコミにリークして、「小池（都知事）を辞めさせる」。

酒井　なるほど。

エドガー・ケイシー　これが目的です。

酒井　これが、菅さんの考えなんですね？

エドガー・ケイシー　はい。目的はここにあります。まあ、「菅さんの考え」といっても、安倍さんのお心を忖度《そんたく》してのお考えです。当然です。

過去の実績から「一定の力がある」と認識されている幸福の科学

酒井　今回の都知事選に関しては、石原伸晃《いしはらのぶてる》氏や下村博文《しもむらはくぶん》氏、あるいは、都連のドンと言われている内田茂《うちだしげる》氏といった人も関係しているのでしょうか。

エドガー・ケイシー　もちろん絡《から》んでいますし、みなさんのなかには、幸福の科学にある程度の親和性を持っていた方もいらっしゃるんだけれども、こういうことになりますと、「党利党略《とうりとうりゃく》」が優先ですし、「何が何でも安倍政権を延命させる」ということであれば、そんなことは言ってられない。

宗教団体との関係なんていうのは、くっついたり離《はな》れたりが、しょっちゅうありますので。その都度《つど》考えればいいことであるので、そういうのは後回しで。

やはり、小池百合子氏の強気の判断。要するに、党が公認しないのにも見切って、辞めて、「どこも応援団体なし」と言ってる。

このパターンは、かつて（一九九九年）、柿澤《かきざわ》（弘治《こうじ》）候補が東京都知事選に出たときにやったパターンで、「なぜ降りないのかが分からなかった」という……。幸福の科学が応援していたので、まあ、六十数万票取りましたが、最後まで降りなかった。あれが十分な恐怖《きょうふ》で、あんなに（票が）取れるわけがないから、降りるはずなのに、降りなかった。それを知ってるから。

その都知事選のときでそれだけいっていますし、丸川珠代《まるかわたまよ》氏のとき（二〇〇七年参議院議員選挙）もそうです。自民党公認がなかなか取れなかったので、安倍首相側から幸福の科学のほうに依頼してきて、応援しました。このときも、丸川氏は六十数万票を取っております。

そういう意味で、「幸福の科学単独で応援しても数十万票取れる可能性がある」と見て、まあ、（今回の東京都知事選の）事前の予測では、増田氏と小池氏の差は接戦と見ていて、最後、追い上げていたので、「最後のところで逆転したい」というのが菅さんの念願でしたから。最初、離されてたけど、だいぶ追い上げてきたので、最後、引っ繰《く》り返すには、幸福の科学のほうに、もし、そうした陰謀《いんぼう》、組織戦略があるなら、「これを崩《くず》して、緩《ゆる》めろ」という指示を出させないといけなかったということですね。

ですから、幸福の科学が応援したら取れる……、要するに、以前、丸川氏が当選したとき、自民党、公明党が応援した候補は六十万票ちょっとありましたが、何万票かの差で敗れて、丸川氏が入っている。

それから、今、こころ（日本のこころを大切にする党）の代表になっている中山恭子《なかやまきょうこ》氏、まあ、彼女は北朝鮮《きたちょうせん》問題等で頑張《がんば》っているので、（二〇〇七年参議院議員選挙で）安倍首相は、幸福の科学のほうに、「応援してくれ」と言ってきて、当選させていますね。

これから見ると、やっぱり、一定の力があることは分かっているので、「増田寛也候補　対　小池百合子候補」が、もし接戦の場合、まあ、五十万票以内ぐらいの接戦だったら、幸福の科学が応援するかしないかで、結果は変わる可能性はあると見て、都知事選の前に、もう〝すでに動きがあった〟はずです。〝すでにジャブが入って〟いるはずですね。

要するに、あれは、「応援したら手入れがあるぞ」という意思表示ですね。ただ、幸福実現党の組織は、〝神経伝達速度〟が非常に鈍《にぶ》うございますから、そういうジャブが入っても……、まあ、それは政治的には意味がすぐ分かることなんだけども、「一切《いっさい》、応援するな」という意味で言っているとは理解していなかったということですね。

「小池百合子《こいけゆりこ》氏勝利の裏に幸福の科学あり」と見られている

エドガー・ケイシー　また、二〇〇九年の（幸福実現党）立党のときの、いちばん大事だったときの池袋《いけぶくろ》地区（東京都第十区）からの立候補者は、まずは、当時党首であった大川きょう子でしたね。それで、小池百合子《こいけゆりこ》氏は、「どぶ板選挙で、必死の個別訪問を開始した」と、そのように週刊誌で騒《さわ》がれたぐらい追い込《こ》まれた感じがありました。しかし、大川きょう子が降り、さらに、次に別の東大出の若い男性が立ったときに、小池百合子氏のほうから、「対立するのはやめてくれ」というお願いが来て。

そのため、その男性候補者を降ろして、〝手打ち式〟として、街頭演説をやってますね。

こういうことは、普通《ふつう》の政党の関係ではありえない関係なので、「裏では深いつながりが絶対にあるはずだ」と見ているわけですねえ。

「幸福の科学のほうが面子《メンツ》を潰《つぶ》してまで、それをやるというのは、絶対、裏に何かがあるはずだ」ということで、今回の（小池氏の）大勝の理由は、まあ、「絶対に裏で幸福の科学が糸を引いている」と見ているわけです。

要するに、幸福実現党の動きそのものを、単なる「政党見習い」とは思ってない部分があって、「（政党を）意見発信の〝道具〟としては使っているけれども、微妙《びみょう》に調整はしているらしい」と思っている。

自民党であれば、幸福の科学の信者であるにもかかわらず自民党の議員、代議士をやっている人たちに対して、必ず〝締《し》め上げ〟があるはずですよね。例えば、「教団除名」とか、「一切、応援するな」とかいう〝締め上げ〟があるはずだけど、（幸福実現党では）全然、そういうことがありません。それについては、宗教としてはおかしい。少なくとも創価学会《そうかがっかい》から見たら絶対にありえないことで、創価学会ならば、完全に〝締め上げ〟をしますのでね。

そういうことは絶対にありえないから、「これは、適度に調整をしているぐらい老獪《ろうかい》である」というふうな判断をしているわけですね。

かつて、自分らも応援してもらって、票をもらったこともあるけれども、まあ、彼らは、生き残りをかけた一回一回の戦いであるので、こういうときにはもう、なりふり構ってはいられないということですねえ。

そういうことで、かなり前から網《あみ》は張られていて、さらに、「（小池氏が）都知事選に出る」というのを見たあたりで……。まあ、「（幸福の科学は）小池応援だ」と見てはいたんだけれども、さらに、七海ひろこっていうのを立てて、「ハグ戦法」というようなことをやり始めた。

ああいうことは普通はしないのでね。「ああいうことをして、信者にも、『本気でやってるのではない』ということを間接的にアピールしているんだ」と。「こんなことをしたら、信者の婦人部票が入らない」というのが公明党の意見ですから。あんなこと（ハグ）をしてたら、婦人部票が逃《に》げるはずで、五十歳《さい》、六十歳の女性たちは絶対入れないから、あれは、信者に対する、「適度に入れて、あとは入れなくてよい」という意思表示であり、「アリバイづくりのために出した」というふうに判断している。要するに、「（七海ひろこは）三万票弱で止めて、あとは小池氏応援に動いたのではないか」と。

石破《いしば》氏とのつながりも疑う自民党幹部

エドガー・ケイシー　その動かぬ証拠《しょうこ》をつかむために、今回、家宅捜索にも入って、書類を押収《おうしゅう》して、「〝連絡《れんらく》通路〟等で重なっている者とかがいないか」「誰がやっているのか」、このへんを突《つ》き止めようとして調べてるっていうことです。

本当は、この立件……、まあ、テレンス・リーだとか、その他の間に入ってる人だとか、あるいは、候補者の一人、二人どうってことはないと思ってるわけで、実際は、こちらのほうのルート、つまり、「自民党を根底から崩すかもしれないルート」を疑っている。

さらに今度は、石破《いしば》氏が、次の総理を目指して、安倍政権から離れようとしている。このあたりも、やっぱり十分に睨《にら》んでいて、このへんも〝怪《あや》しい〟と見ている。

「大川総裁の長女である大川咲也加《さやか》は、石破氏の娘《むすめ》と（同じ学校の）同級生で、知り合いである」というところまで、自民党の幹部はつかんでいる。

ここについても、「つながりはある」と見てはいるので、「小池氏に続いて、ここもまた担《かつ》ぎ上げてくる可能性はある」というふうに見てると思います。

まあ、こうした、政治家が普通に考えることを、こちらも考えるであろうと思って、向こうは「仮想碁《ご》」の碁を打ってるところがありますので。「そんなことは、まったく考えもしないでやっている」というようには思っていないということですねえ。

「自分たちは『タヌキ・キツネ学』と言われているが、タヌキ・キツネを超《こ》えた化《ば》け物が宗教だろう」と、そういうふうに思っている。

また、創価学会は、「自分たちの宗教は、〝いい宗教〟だ」と思っているから、「幸福の科学が悪い宗教なら、自分たちよりもっと悪いことを考えているはずだ」と、基本的には、そういうふうに考えているということですねえ。

4 安倍《あべ》政権にとって「極《きわ》めて具合の悪いこと」とは

党本部家宅捜索《そうさく》によって警察が隠《かく》したいものとは

磯野 今回、公職選挙法違反《いはん》で「五万円の運動員買収で、党本部に家宅捜索《そうさく》に入るということは異例だ」と言われていますが、さらに加えて、捜査の現場に「マスコミを呼ぶ」ということがあったとすれば、非常に卑劣《ひれつ》だと思います。
こうしたところにも、やはり、政府・自民党が関与しているのでしょうか。

エドガー・ケイシー　うーん。まあ、そっちもあるが、警察そのものの体質でもありますねえ。

警察も非常に弱い体質で、攻《せ》められるとすごく弱い。マスコミにいっぱい〝握《にぎ》られて〟いるものがあって、予算を削減《さくげん》される恐《おそ》れがありますから、「マスコミを味方に巻き込《こ》む」という作戦はいつもやっている。

刑事《けいじ》ドラマとか、そうした映画とかについては、協力を全然惜《お》しまないでやっていますし。それから、「いちばんいいところをスクープ風に撮《と》らせてやる」というようなところで恩義《おんぎ》を売って、警察批判を抑《おさ》えてある。

例えば、最近であれば、神奈川《かながわ》の相模原《さがみはら》で、障害者施設《しせつ》の人を十九人殺して、二十何人に重軽傷を負わせたという事件がありましたが、それは警察が承知していた事件ですよね？　警察が承知していて、まあ、「防犯カメラを増やしておいたほうがいいですよ」ぐらいしか言わずに、犯人を〝放《はな》し飼《が》い〟にしていて、それで、あれだけの、戦後最大の殺傷事件が起きたわけです。

あれは、はっきり言えば、警察にとっては、スキャンダルになってもいいぐらいの大変な「落ち度」です。はっきり言えばね。それを個人の問題だけにして、警察の責任にしないようにするためには、やっぱり、他の事件が必要なこともありますわね。

ところが、今回、幸福の科学ではあの事件について解明した本も出していますね（『愛と障害者と悪魔《あくま》の働きについて――「相模原障害者施設」殺傷事件――』〔幸福の科学出版刊〕参照）。「（犯人には）悪魔が憑《つ》いていた」というものも出していますから。

「個人に責任能力があったとして、本人を死刑にして終わりにする」というのが警察の基本方針ですけれども、ああいう、「悪魔が憑いていて操《あやつ》られた」っていう本が出たら、心神喪失あるいは心神耗弱《こうじゃく》状態にあったということと、ほとんど同じことになります。「殺したとき、本人に責任能力がなかった」と。「悪魔に憑かれていた」ということであれば、これは死刑にできないですね？「死刑にできなかったら、どうなるか」というと、警察の責任が浮上《ふじょう》してくる。

マスコミがあれを見たら、「これは死刑にできない可能性がある」というふうに読めますから。そうすると、真実がそうであったとしても、警察の不手際《ふてぎわ》は、絶対ありますね。

衆議院議長公邸《こうてい》に、「事件を起こす」という手紙が行って、神奈川県警に連《れん》絡《らく》が入って知っていて、まあ、いったんは措置《そち》入院したけど、十何日で解放された。(犯人は)「親と一緒《いっしょ》に住む」と言ったので、それを信じて、そのまま帰したけど、実際は施設のそばの、もともとの家に相変わらず住んでおった。そして、数カ月後に犯行に及《およ》んだ。衆議院議長に書いたとおりの内容で、殺人を行《おこな》った。

これは、警察責任として、幹部が〝全員クビ〟になってもおかしくない事件だし、止め切れなかったら、総理大臣に近いところまで責任が追及《ついきゅう》される。国家の安全保障の問題としては、内部的にも問題だし、これはテロにも弱いことを意味していますので、危機管理としては、「警察の手落ち」は明らかですよね。

ですから、このへんの本が出ているというようなことあたりも、非常に具合が悪い。

幸福実現党の「口封《くちふう》じ」に入ってきた？

エドガー・ケイシー　さらに、もう一つとして、『今上《きんじょう》天皇の「生前退位」報道の真意を探《さぐ》る』（幸福の科学出版刊）という本も出ました。国民的関心はあるだろうけれども、これも、本のなかに発表されたくない言葉が幾《いく》つか入っております。

「天皇陛下《へいか》が、安倍《あべ》内閣に対して、心情的にやや不信任である」というようなことが、明らかに言葉になって表れていますね。これは極《きわ》めて具合の悪いことであって、もし、「安倍内閣の目指していることを、天皇陛下が反対のために、退位を言ってごねておられる」というふうに、マスコミのほうから流れたならば、これは内閣にとって、これからやろうとしてることを邪魔《じゃま》しているように見える。

最近の幸福の科学の動きには、安倍政権に対する批判的なものがだいぶ出ていることは、情報としては入っています。

また、安倍内閣のアベノミクスの成果と言われるものについても、「幸福実現党が言っていたことだ」というようなことを言っているので、幸福実現党には、「適度なところで何か〝大きな痛手《いたで》〟を負って、〝撃沈《げきちん》〟してもらわなければいけない」っていう要素が揃《そろ》っているということですね。

そういうことから見ると、まあ、「警察の捜査が入って、マスコミが報道して、宗教団体としても悪いイメージがついて、政党としても看板を下ろす」と。

これがいちばんいいシナリオで、そろそろ「口封《くちふう》じ」に入ってきたということですね。

安倍さんの〝腹のなか〟もそうなってはおりますが、今のところ、菅さんが〝実行部隊の隊長〟になってやっています。

要するに、幾つかのものが全部重なっているのと、「公明党の利害」も重なってやっています。

これに対して、天変地異的なものもまた増えていきそうな感じがあるし、そうしたら、また幸福の科学がうるさく言うに違《ちが》いありませんので、それを恐れてるっていうこともありましょうかねえ。

ＮＨＫと産経新聞にリークしたのか

酒井　今回のマスコミのかかわり方としては、ＮＨＫと産経の二社に、まずリークしたのでしょうか。このあたりには、政治的意図《いと》があるのでしょうか。

エドガー・ケイシー　「ＮＨＫ」と「産経」が、参議院議員選において、幸福実現党の報道を比較《ひかく》的したほうであったのは、調査の結果、明らかに出ていますので、この二社に謝罪させる目的で、報道させたということですね。

酒井　報道関係者は、そういう報道に対する圧力であると、シグナルとして分かるわけですね？

エドガー・ケイシー　それは分かりますよ。社長と安倍さんがご飯《はん》を食べていますからね。それは分かります。

酒井　分かりました。

5　黒幕は次に何を狙《ねら》っているのか

「反安倍《あべ》勢力」が協力を仰《あお》ぐことを恐《おそ》れている？

酒井　この次についてですが、「（政党の）看板を下ろす」という目標が、いろいろ複合的に出てきました。

彼らは、次にどういう手を考えていますでしょうか。

エドガー・ケイシー　とにかく、「反安倍《あべ》」の人全部に、幸福の科学がついていって、裏から支援《しえん》しているとしたら、けっこう大変なことで。まあ、幸福の科学の職員が立候補したって当選しないのは総理も知ってはいるんだけれども、そうではない、例えば、「自民党議員のような人が主流派から外れて出ていって、協力を仰《あお》ぐ」ということでしたら、そうとうな票が取れる。運動員としてはかなりの数がおりますからね。あるいは、幸福実現党だけでなくて、幸福の科学本体のほうの応援が入れば、逆転することは可能だっていうことは知っています。

石破《いしば》氏なんかも、（総裁選の）地方票では、安倍氏を凌駕《りょうが》しておりましたしね。小池《こいけ》氏だって、結局は、総裁選に出たのが森《もり》（喜朗《よしろう》）氏に嫌《きら》われたいちばんの理由でしょうから。まあ、このへんをいろいろと総合して考えているので、うーん、まあ、警戒《けいかい》は怠《おこた》らないっていうことでございましょうね。

あとは、報道に関しまして、（幸福の科学出版の）広告を載《の》せないような圧力は、ものによって常時かかっているということは言えましょうね。「天皇陛《へい》下《か》のご退位の案件」とか、いろいろなものについてかかってるというふうに見ていいと思いますね。

今回の強制捜査《そうさ》に込《こ》められた「現政権からのメッセージ」とは

大川直樹　お話（本霊言《れいげん》のこと）を聞いてみますと、今回の強制捜査《そうさ》を足がかりにして、政党だけではなくて、宗教本体も崩《くず》しにかかっているように感じるのですけれども、やはり、「宗教を倒《たお》していこう」というような思いがあるのでしょうか。

エドガー・ケイシー　いや、宗教であってもなくてもよろしいんですけどね。要するに、自分らが責められないように、何か別のものを〝生贄《いけにえ》〟として……、まあ、ヒトラーの言う「ユダヤ人迫害《はくがい》」の部分ですかね。この部分を何かつくりたいわけで、今はそれを探してるわけですよ。

つまり、「ある程度の大きさがあって、骨が折れて、手柄《てがら》があった」みたいに見えるような手ごろな相手を探してるわけなので、ターゲット的には、ほかにもないわけではありませんから。

大きな会社とかもありえますし、ほかのものもターゲット的にはあると思うんですけど、最近、（幸福実現党から現政権への）批判がかなり大きくはなってきていますので、やっぱり、「〝ジャブ〟で効かなかったら、〝ストレートパンチ〟も繰《く》り出す」というところでしょうかねえ。

だから、（幸福実現党は）「政党の実力がないわりには言いすぎる」というところですかね。まあ、「十年ぐらい黙《だま》ってろ」というところじゃないでしょうかねえ。

警察は「今回の強制捜査《そうさ》」をどう考えているのか

磯野　今朝《けさ》（二〇一六年八月三日付）の新聞報道を見ると、産経以外の新聞は、「候補者の応援演説をしたタレントに五万円を渡《わた》した」というところにとどまっていたのですけれども、産経新聞においては、「東京以外の埼玉《さいたま》、神奈《かな》川《がわ》、千葉《ちば》の選挙区でも買収が行われており、同タレントに計数十万円以上が渡っている疑いがある」というように、他社とは一歩違《ちが》う報道をしていました。

これも、一種の……。

エドガー・ケイシー　うん、それはリークでしょうね。

磯野　ええ。

エドガー・ケイシー　それは、警察官のリークだと思います。

つまり、「そういう記事を書かせることによって、ほかにも入《はい》れるように見せて、できるだけ大きな組織的な犯罪に膨《ふく》らませたい」ということは思っています。

ただ、やっている警察の捜査《そうさ》本部自体も、本当は、私が霊視《れいし》・透視《とうし》するかぎり、「こんなことでやって、あとで恥《はじ》をかいたらどうするんだ」というようなことを言ってはいるんです。けれども、「上がそう言っているからしょうがない」という面もあることはあるので、警察も、必ずしも「政権と一体」というわけではない。

ただ、ある程度、やってるところは見せないと、予算を削《けず》られたり、いろいろされる可能性があるので、見せなければいけないんだけども、正直言って、「オウム真理教よりも、はるかに手強《てごわ》い相手ではないか」と思っているのでね。

まあ、警察のほうの本音《ほんね》は、「適当なところぐらいで〝寸止《すんど》め〟しなきゃいけない」ということだろうとは思うんだけれども。ただ、〝アンチ幸福の科学〟の勢力が強くて、マスコミがうまいこと、この事件を大きくしてくれれば、思わぬ「有効」「効果」、あるいは「技《わざ》あり」を取れることもありえますわねえ。
そういうような考えでしょうかね。

磯野　うーん。

酒井　警察のほうで考えている落としどころは、「もう、これで終わりたい」
という感じなのでしょうか。

エドガー・ケイシー　いやあ、「今後も引き続き見なきゃいけない」というか、
「そういう脅《おど》しはかけておかなきゃいけない。〝重《おも》し〟を載せておかなきゃいけ
ない」ということですよ。

だから、やっぱり、「その重しの部分、継続《けいぞく》的に見張らなきゃいけないと見せる部分を客観的に出して、マスコミのほうにも、いつでも速報体制ができるようにはしておかねばならん」ということはあるでしょうねえ。

「憲法改正」に着手したい現政権は、けっこう〝忙《いそが》しい〟

酒井　そうしますと、今回の案件に関して、「彼らが求めている〝獲物《えもの》〟」「何を客観的にゲットするか」というところについては、「最低、ここはゲットしなくてはいけない。ここまで踏《ふ》み込んだ以上、何かゲットしなければいけない」ということはあるのでしょうか。

エドガー・ケイシー　うーん……。今、（現政権は）次の「憲法改正」に関しまして、極《きわ》めて薄氷《はくひょう》を踏むような、スレスレのところを走ってますからね。世《せ》論《ろん》的に、アンチのほうが燃え上がらないようにしなければいけないわけです。

この「憲法改正」に関しては、左翼《さよく》のほうの反対も、当然、すごく強いですから、そちらの〝締《し》め上げ〟も……。

だから、まだ、ほかもやってるんですよ。ほかの〝締め上げ〟もやってはいるんです。

やっぱり、保守の側でも意見が違うところは必ずありますので、こちらはこちらでまた締め上げなきゃいけない。まあ、けっこう〝忙《いそが》しい〟んですよ。

酒井　ああ、忙しい。

エドガー・ケイシー　例えば、「日本会議」みたいなところでも、「天皇の生前退位反対」とか言っていたら、これまた、税金問題やいろいろな問題から攻《せ》めていかなきゃいけないですからねえ。

そういう意味で、「幸福の科学だけを狙《ねら》って」というわけではない。だから、「そのときどきで、情報発信してやっている」とは思いますけどね。

警察は「幸福の科学」をどう見ているのか

酒井　警察から見えている「幸福実現党の隙《すき》」、あるいは「幸福の科学の隙」というあたりはどうでしょうか。

●日本会議　1997年に「日本を守る会」と「日本を守る国民会議」が統合され設立された、政策提言を目的とする国民運動団体。前者は円覚寺貫主《かんしゅ》の朝比奈《あさひな》宗源《そうげん》が神道・仏教系の新宗教に呼びかけ、後者は最高裁判所長官を務めた石《いし》田和外《だかずと》が財界人や保守系文化人に呼びかけて結成された。

エドガー・ケイシー　いやあ、警察は、それは全国で動いて情報収集しておりますので、「（幸福の科学は）一般《いっぱん》的に見て、印象的には、極めてクリーンな団体だな」と思っています。

だから、「積極的に、社会に害を起こすようなことをしようとか、犯罪を目《もく》論《ろ》むとかいうようなことはありえず、たまたま引っ掛《か》かるとしたら、本当に不注意、過失で引っ掛かるようなことはあるかもしれないけど、それは、たいていの場合、個別案件で、教団絡《がら》みでやるようなところではない」ということは分かっています。

また、（幸福の科学が）意見については、なかでも外でも変えずに発表していることも、潜入《せんにゅう》捜査官によっても報告されていることであるので、極めて難しいなとは思っていますね。

ただ、「社会の安定勢力として宗教が働くのはいいけれども、創価学会《そうかがっかい》に関しては、すでにもう、幸福の科学のほうは喧嘩《けんか》を売っている状況《じょうきょう》であろうから、〝創価学会〟（公明党）が与党《よとう》のなかにいる間は、そうは言っても、幸福の科学に対しては、少し厳しめに接していなきゃいけないのかな」というように見ているわけです。

「潜入捜査官《せんにゅうそうさかん》」は幸福の科学にも自民党にも入っている

酒井　今、「潜入捜査官《せんにゅうそうさかん》」というお言葉がありましたけれども、当会にも、そうした人が潜入しているのでしょうか。

エドガー・ケイシー　ああ、それは、各支部に入っています。

酒井　各支部に入っている？

エドガー・ケイシー　はい。各支部に入っています。

磯野　それは、信者として……。

エドガー・ケイシー　はい。信者として入っています。信者、もしくは会員として入っています。

酒井　それは、警察の身分の方なのですか。

エドガー・ケイシー　ええ。まあ、警察の方でも、「会社員」と書いてあれば、それで分からないですからね。

酒井　なるほど。

エドガー・ケイシー　携帯《けいたい》（電話）だけ、別に一つ変えておけばいいわけですから。あるいは、親族の者か何かで、口の堅《かた》い者ですね。

まあ、麻薬《まやく》捜査官がヤクザの組織に入れるぐらいですから、幸福の科学みたいに信者を増やしたいところに入るのは、わけのないことですわね。

大川直樹　他党のほうにも入っていますか？

エドガー・ケイシー　まあ、入ってます。ほとんど入ってます。

本当を言えば、自民党にも入ってます。自民党にだって入ってます。やっぱり、いちおう入ってます。全部に入ってます。

これは、警察のなかの公安部がやってることですからね。危険度が高いところのほうに多めに配置しますけども、入ってます。

ですから、「罠《わな》」をかけようと思えば簡単でして、捜査官が違法献金《いほうけんきん》みたいなものを何か仕掛ければ、それは簡単に引っ掛かりますわね。やろうと思えばね。

磯野　では、次の段階として、「幸福実現党の党本部に続いて、さらに、宗教法人幸福の科学の支部に立ち入りをする」というようなシナリオというのは……。

エドガー・ケイシー　もう、すでに立ち入ってます。すでに入ってる。

磯野　あっ、「潜入捜査」というかたちで？

エドガー・ケイシー　ええ、すでに立ち入ってます。

磯野　あるいは、「今回の党本部への立ち入り捜査のように、またマスコミを〝連れてくる〟」というようなこともありえますでしょうか。

エドガー・ケイシー　まあ、それは、いちおう、何かテーマがないと無理ではありますから、分かりませんけどもね。

磯野　ああ。どういったテーマがあったり、どういった環境《かんきょう》になったりすれば、そうしたことができますか。

エドガー・ケイシー　ですから、ああいう捜査をやって、どういう〝打ち返し〟が来るかも、もちろん見てはいるでしょうから。

警察は「政治へのやる気を示す〝支部長マップ〟」を持っている

酒井　麻生氏や菅官房長官《すがかんぼうちょうかん》の「（幸福実現党に）政党の看板を下ろさせる」という考え方がありましたよね。

エドガー・ケイシー　うん。

酒井　これに対しては、まだ十分、彼らの目的は達成できていないはずですが、どこまでこの案件で……。

エドガー・ケイシー　いやあ、でも、やっぱり、信者のほうの心が離《はな》れると、「政治から手を引いてください」という〝派閥《はばつ》〟は各支部で起きるでしょう。

酒井　なるほど。

エドガー・ケイシー　支部長のなかにも、ある程度、そういう支部長がいることは……。もう、あなたがたが知らないだけで、警察のほうには〝支部長マップ〟ができてるんです。

酒井　そうなんですか。

エドガー・ケイシー　そういうものができていて、「この支部長は○（政治に非常に積極的）、この支部長は△、この支部長は×（やる気なし）」と、もうここまで持ってるんです。

だから、今日、支部長の情報交流会をやってるんでしょうけど、警察のほうでは、そうした「○・△・×」がついていて、（幸福の科学の）人事局のほうは、もうそれを提示してもらったほうがいいぐらいです。「政治に積極的に発言しているか、及《およ》び腰《ごし》か、やる気がないか」、もう、すでに全部持ってますよ。

酒井　なるほど。

エドガー・ケイシー　だから、積極的なところあたりが、公職選挙法などに何か引っ掛かる可能性の高いところですから、そういうところには「見張り」を多く置きますね。

「あちこちで間接的な力比《ちからくら》べをやる」のが政治

酒井　菅官房長官は、これから、さらに何か指示を出そうとしていますか。そのへんは読めますか。

エドガー・ケイシー　まあ、彼はね、もう今、大変なんですよ。

酒井　はい。

エドガー・ケイシー　もう（彼は）実を言うと、「ホワイトハウスで機関銃《じゅう》を持って護《まも》っている兵士」みたいな者でして、何が突《つ》っ込んでくるか分からない官邸《かんてい》のなかにいるような状態なので、〝いっぱいいっぱい〟ですね。安倍さんに降りかかる〝砲弾《ほうだん》〟はそうとうなものですので、これを一個一個撃《う》ち落とさなきゃいけない。だから、これ一つに全部かかり切れるわけではありませんけれども。

まあ、「政治的手法」っていうのは、今、こういうかたちで調べられてはいますけども、間接的にやって分からないようにするのが、いちおうのあれですわねえ。

そういう意味で、万一《まんいつ》オープンになって、全部ばれたとしても、やっぱり、今度は都議会の責任ぐらいに持っていきたいところでしょうね。都議会の幹部の責任ぐらいに持っていきたいところでしょう。

例えば、以前（一九九一年）に、自民党の幹事長だった小沢一郎《おざわいちろう》氏がねえ、東京都知事選で、そのときは鈴木《すずき》さん（鈴木俊一《しゅんいち》元東京都知事）が八十歳《さい》を迎《むか》えてたころだと思うけれども、「年を取ってるから、自民党は推薦《すいせん》しない」ということで、磯村尚徳《いそむらひさのり》NHK特別主幹（専務理事待遇《たいぐう》）を担《かつ》いだときに負けて、幹事長を辞《や》めてますよね。

だから、その程度の〝重さ〟なんですよ、実は。「あれだけはっきりと支持してて負ける」ってのは、幹事長が辞める（ほどのこと）。

ただ、辞めさせたくても、今回、「（谷垣《たにがき》）幹事長はすでに事故で入院して執《しっ》務《む》不能」というだけで、じゃあ、本当に〝落とし前〟がつくのかどうかかっていうところ? 今、これを微妙《びみょう》に見ているところですね。この責任をどこに持ってくるか。今、これは力比べをやってるわけですよ。

だから、逆に、都議会のほうでいえば、「小池百合子《ゆりこ》氏が何か早めに失敗をして、こける」っていうようなことだって考えているわけだし、あっちもこっちもで、今やっています。これが、政治なんです。そういう力学、力比べをやるっていうのが政治なんです。

現政権は、なぜ〝舛添《ますぞえ》氏のクビ取り〟を行《おこな》ったのか

大川直樹　このタイミングで強制捜査に入ったのは、やはり、そういった「ガス抜《ぬ》き」というようなところが目的だったということですか。

エドガー・ケイシー　やっぱり、「牽制《けんせい》の部分」は、かなり多いでしょうねえ。「悟《さと》れ」ということでしょう？　向こうの間接関与としてはね。

だから、下村《しもむら》（博文《はくぶん》）氏あたりも、文部科学大臣をやっていて、幸福の科学大学を不認可にして、まだ続けていたけれども、今度は「週刊文春」のほうから十回ほど連続して（追及記事を掲載されて）つつかれて、とうとう辞めるようになった。オリンピックの競技場の問題で辞めた。

それで、これも、また「（幸福の科学が）舛添《ますぞえ》とつるんでやったに違いなし」と見ているところがあったから、この前、舛添を追い込んで、辞めさせているでしょう？

だから、ああいうことができるわけです。マスコミを集中……、まあ、巻き込めば、いきなり突然降《とつぜん》って湧《わ》いたようなことで辞めさせることができるわけで。普通《ふつう》、議員だったら、「公用車のガソリン代がどうこう」とまでは言われることはありませんわねえ。

だけど、あるいは、「ファースト（クラス）だ」とか「スイート（ルーム）だ」とかいうことも、「都知事なら、そのくらいは当たり前でしょう」で終わりのところを、わざわざマスコミを騒《さわ》がせて、追い詰《つ》めていく手腕《しゅわん》っていうのは、この政権の特徴《とくちょう》をよく表しているんじゃないですか。

だから、〝舛添のクビ取り〟というのは、やっぱり、「（下村）文部科学大臣のクビが、（舛添）都知事の工作による建設費疑惑《ぎわく》によって、取られた」と見て、仕掛けていたと思います。

すると、案《あん》の定《じょう》、幸福の科学のほうからマスコミに対して、舛添援護の〝援護射撃《しゃげき》〟(『守護霊《しゅごれい》インタビュー　都知事　舛添要一《ようい ち》、マスコミへの反撃』〔幸福の科学出版刊〕)が出ましたから、「それ、やっぱり、そのとおりだ。原因・結果の法則でそうだ」ということでね。

まあ、(結果的には、下村氏と舛添氏の)両方クビを取られたけれども、下村氏は、総裁特別補佐《ほさ》として隠《かく》れて、今回(二〇一六年八月三日に行われた自民党の臨時総務会において)は幹事長代行で浮上《ふじょう》してくるので、また次のチャンスを狙ってる状況ですね。

このへん、某《ぼう》氏みたいな、長年付き合いがあって、幸福の科学の内情を知ってるような人でも、十分「次」を狙ってますので、疑心暗鬼《ぎしんあんき》のところがあると思いますねえ。「使えるか、使えないか」だけで判断をしてるところは、きっとあるでしょうね。

6 政権やマスコミとの「言論戦」

「言論の切れ」が潜在的脅威《せんざいてききょうい》を感じさせている

磯野　冒頭《ぼうとう》で大川隆法総裁は、「これは憲法違反《いはん》であり、公職選挙法違反である。警視庁および報道各社に謝罪していただきたいぐらいの気持ちを持っている」ということをおっしゃっていました。

今、マスコミが包囲網《もう》を築こうとしているのかもしれませんが、おそらく警察が捜査《そうさ》すればするほど、実際の小池陣営《こいけじんえい》とのつながりを立証するのは難しいと思います。あるいは、個別の「運動員買収」というところで立証してくるかもしれません。

今、幸福の科学、あるいは幸福実現党として攻《せ》め込《こ》まれている状態ですが、ここから反撃《はんげき》を開始する糸口のようなものがありましたら、教えていただけますでしょうか。

エドガー・ケイシー　まあ、「内部体制」をしっかりする以外はありませんけどね。拡張ばかり目指していると、必ず隙《すき》が出ますから、内部の体制を固めていくことは非常に重要なことです。

また、マスコミなんかで信者が揺《ゆ》さぶられることがあるので、そのへんを逆に、「常勝《じょうしょう》思考」的に信仰《しんこう》を強めていく方向に持っていく。支部長その他のリーダーたちにも、それだけの力は必要だと思いますね。

警察は絶対的な善じゃありませんので。やっぱり、役人、公務員として給料分だけの仕事をしているところですからねえ。

まあ、警察のつらいところは、税務署があんまり動いてくれないところです。幸福の科学案件などで、税務署が〝お手上げ〟しているので、ちょっとつらいところでしょう。普通《ふつう》は一緒《いっしょ》に動きますので、これはちょっと予想外のところかとは思いますが。

警察のほうも、実は〝怖《こわ》がって〟いるところもあります。警察は、だいたい東大法学部で押《お》さえていますが、今は警察庁の幹部が、ほとんど大川隆法さんの後輩《こうはい》たちが並んでいるので、どういうふうな人脈を使ってくるかが分からないんですよ。まあ、そのへんは〝十分怖い〟というふうには見ています。麻原《あさはら》みたいなときとは場合が違《ちが》いますので。

だから、ある意味では、「総理大臣以上の権限、権力を持っているところもある」し、まあ、(彼らは)それほどバカではないので、官僚《かんりょう》としては、「適当にやっているように見せながら時間を稼《かせ》いで、〝順繰《じゅんぐ》りに卒業〟していきたい」って気持ちは持っているだろうと思いますがね。今のところ、どこに入っても凶器《きょうき》が発見されるわけではないし、何にもないので。

まあ、(幸福の科学が)マスコミ的機能として言論が切れすぎるところが、少し政権を刺激《しげき》しているところはあると思います。野党は野党で自分らが斬《き》られていると思ってるし、与党《よとう》は与党で斬られていると思ってるし、マスコミはマスコミで「自分たちのいちばんいいところを持っていかれている」ように思っているところはあると思いますがね。

やはり、一定の勢力を持てば、敵は必ず出てくるものであるので、いろいろな事件も起きることが多いですが、この三十年間、最初のころの「講談社フライデー事件」以降、ほとんど目立った大きな問題は起こしていませんので。オウム事件のときには、（幸福の科学は）むしろ解決に働いたのに、マスコミはフェアな報道をしなかったぐらいですから。

（幸福実現党が）「七年間、政治運動をやっていて、特別に問題が出ていない」ってことは、そうとう「真面目《まじめ》な組織」であることは事実であるんですね。まあ、それでも〝かすかな隙〟は出てきますから、このへんは、もうちょっと詰《つ》めていく必要はあるだろうなと思います。

あとは、言論戦の必要がまだまだあることは知っておいたほうがいいということですね。

だから、マスコミのなかでも、政界のいろいろなルートで付き合いがあって、親近性があって、懐柔《かいじゅう》されているところはいっぱいあるわけですから。

まあ、本当は、現政権であれば、買収工作っていうのは、もういっぱいやっておりますので（笑）。野党であろうが、マスコミであろうが、その他、タレントであろうが、世論《せろん》に影響《えいきょう》がありそうな人のところには、徹底《てってい》的な買収工作をかけておりますけれども、こういうものは全然ターゲットにさせないようにするだけの力を持っていますからね。

だから、そこまで入れないところについては、「ネズミ捕《と》りにかかる」というかたちにはなりますわね。

ただ、最終的には、（幸福の科学に）「潜在《せんざい》的な脅威《きょうい》を感じている」というところが大きいんじゃないかなあと思います。

まあ、言論が切れすぎるのでね。けっこう〝弾《たま》〟が当たってくる。だから、それにマスコミが便乗《びんじょう》してくるのが怖いので、「マスコミと幸福の科学の仲も割っておかなければいけない」ということもありますね。

あるいは、こういうことをやれば、すぐに次の衆院選とか、そういうもので自民党支援《しえん》みたいなことをするかどうか、見ているところはあるかもしれません。立正佼成会《りっしょうこうせいかい》みたいな団体だったら、すぐそうなりますからね。

だから、これは宗教団体としての「覚悟《かくご》の問題」かと思います。

〝マスコミ省〟による〝包囲殲滅戦《せんめつ》〟が行われている

酒井　マスコミは、逆に、報道の仕方が公職選挙法違反になるのではないでしょうか。

エドガー・ケイシー　違反してると思いますよ、私が見ても。（東京都知事選に）二十一人立候補して、三候補ばっかりずっと報道するなんて、そんなの公平な報道のはずがありませんし、彼らに利得を与《あた》えているのは明らかですから。まあ、ある意味では、（マスコミは）非常に法律を無視した組織ですね。

だから、〝マスコミ省〟っていうのが、現実にあるようなものだと思ったほうがいいかもしれません。

酒井　このマスコミの報道姿勢に対して、どういう言論をさらに撃《う》ち返していったらよいのでしょうか。

エドガー・ケイシー　それについては、ちょっと私の手に余ることなので、分かりませんけれども。

まあ、政治の世界において、ある程度の正論っていうのがあるだろうと思いますし、「言論人」としてやることは構わないと思うんですが、これに「組織」がついているから怖いところでありますので。

やっぱり、政治の世界としての正論と同時に、信仰のところをもう一段強くする。「信仰の盾《たて》」を強くしていかないと、そう簡単にはいかない。

だから、この世的に隙があるところは狙《ねら》われてくる。もちろん、しらみ潰《つぶ》しにやろうと思えば、会員家庭を全部ずーっと当たっていけば、いろいろなところで事件を起こした者とか、それは、いっぱい握《にぎ》ってますからね。「ここの家庭で、ここの信者のところで倒産《とうさん》が起きた」とか、「ここで夜逃《よに》げが起きた」とか、「ここで犯罪者が出た」とか、いろいろ握っています。

ただ、普通は、全体に宗教への妨害《ぼうがい》になると思うものについては、マスコミも書かないし、警察も言わないで止《と》めますけども、これだけ全国に広がっている団体であれば、材料はないわけはありませんので。

まあ、そういう〝包囲殲滅《せんめつ》戦〟以外に、大きな宗教団体に勝つ方法はないんですよ、彼らにとっては。意見を全部一緒にして、〝包囲殲滅戦〟をする。

だから、舛添《ますぞえ》（要一《よういち》）さんが、最近〝包囲殲滅戦〟をされたし、STAP《スタップ》細《さい》胞《ぼう》の方（小保方晴子《おぼかたはるこ》氏）も〝包囲殲滅戦〟をされたんだと思いますが、もし意見が割れれば、そんなのはできないですよね？

ウワーッと囲んでしまって、ドーッと報道して、一挙に囲んでしまう。まあ、こうするのがいちばんで、ハンニバルの作戦そのものですね。これをやる。

でも、この程度を破るぐらいの経験は、幸福の科学は積んでいるので、そう簡単に〝包囲殲滅戦〟はできないだろうとは思いますけどもね。

まあ、「戦い」です。これから大きくなるものには、大きくなったら大きくなっただけの相手が出てくる。

少なくとも、「首相や官房長官《かんぼうちょうかん》、あるいは財務大臣 兼《けん》 副総理あたりまでがかかわっている」ということであれば、逆に見て、あなたがたはどの程度、存在感があるかがお分かりのはずです。

だから、彼らを撃ち落とそうとして、どっかを〝狙い撃ち〟すれば、それでもってマスコミがそれに飛びついたら、逆に彼らのほうがやられる番になるところですからね。

●ハンニバルの作戦……　第2次ポエニ戦争中、前216年に行われた「ローマ軍」対「カルタゴ軍」の戦闘（カンネーの戦い）において、カルタゴ軍率いるハンニバルは包囲殲滅戦を展開。約5万の軍で約8万のローマ軍に圧勝した。

まあ、政治家の誰《だれ》が見たって、こんなものは軽罪ですので。「スピード違反」と変わらないぐらいのもんですよ。こんなもので、できるわけがないので、「教団として、あるいは、幸福実現党としての成熟度が、今、どの程度まで来ているか」っていうのを見る一つの試金石《しきんせき》ですわね。

だから、「警察マターとしてやってみて、どの程度、組織の体力があるか。智慧《ちえ》があるか。これを見ている」っていうところですよ。

7　安倍《あべ》政権が受けている霊的影響《れいてきえいきょう》とは

「官邸《かんてい》の未来」をリーディングする

酒井　今回の捜査《そうさ》が入ったあと、天変地異的な雰囲気《ふんいき》が出てきたり、北朝鮮《きたちょうせん》のミサイル発射もあったりしました。

そこで、未来の見通しなのですけれども、〝官邸《かんてい》〟ですね。菅《すが》氏、麻生《あそう》氏、安倍《あべ》氏などの未来をリーディングしていただけないでしょうか。

エドガー・ケイシー　いや、東京を中心に、これから非常に具合の悪いことは続くでしょうね。

まあ、熊本《くまもと》の地震《じしん》だけでも十分にこたえているんじゃないですか、ほんとは。それだけで、一兆円規模の対策を打たなきゃいけなかったんでしょう?　これは、大変な被害《ひがい》ですわね。

それから、「天皇陛下《へいか》の生前退位」についても、何か、不審《ふしん》の儀《ぎ》があることは明らかですね。これを上手に乗り越《こ》さなきゃいけないんでしょう?

さらに、憲法改正もやらなきゃいけない。

また、政府は、「今後、二十八・一兆円の経済対策をする」ということを、都知事選のすぐあとに大きく言い始めていますが、これなんかも、都知事選の敗戦の部分を〝目くらまし〟するための対策ではあろうと思います。

しかし、二十八兆円の経済対策を緊急《きんきゅう》で行わなきゃいけないということは、「二年余りやってきた消費税増税が、やっぱり間違《まちが》いだった」ということの証明ですし、アベノミクスの失速があったということです。「アベノミクスは、成功していますが道半《みちなか》ばです」という言い方をしていたけど、実際上、これは「失敗した」ということでしょう。まあ、幸福の科学のほうも、そう判断していたようですけれども、これが公的に認められるのを避《さ》けるためにやるわけで、その小手先《こてさき》の〝煙幕《えんまく》〟ではありましょうからね。

この二十八兆円の対策が出たところを見ると、「増税失敗だ」と官邸は見ているはずで、選挙前に出ていた、「いい指標」も、何カ月か後、三カ月か半年後には、訂正《ていせい》報道が出るでしょう。修正が入って、違う「悪い数字」が出るはずです。

これで幸福実現党を認めざるをえなくなることもある

大川直樹　安倍総理とか菅官房長官とかに、何か霊的《れいてき》に影響《えいきょう》を与《あた》えている人物といいますか、そういった存在はありますでしょうか。

エドガー・ケイシー　だから、意外に、「ナチズム」そのものを引き寄せているんじゃないでしょうかねえ。

大川直樹　ナチズム？

エドガー・ケイシー　ええ。

大川直樹　全体主義に近づいてきているということですか。

エドガー・ケイシー　うーん。でも、これは政治家の傾向《けいこう》として、権力を求める者には必ず、つきまとってくるものなので。まあ、「全体主義的な動き」は、必ずあるでしょうね。

だから、共産主義にもあれば、資本主義というもののなかにだって存在するものですのでね。

まあ、（安倍首相は）好き嫌《きら》いが非常に激しい方ですので、自分に味方しない者を〝どんどん切っていく〟というスタイルは持っていますわねえ。

だから、〝鵺《ぬえ》〟のような動きをする幸福の科学が読み切れないところでしょう。ただ、「最近、（幸福実現党からの）批判がやや増えている」というふうには、やっぱり、見てはいますわね。

特に、先の参院選では、（幸福実現党の）党首自《みずか》ら、そうとう自民党の批判もやっていたところまで、ちゃんとつかんでおりますので。まあ、このへんの単純すぎた部分を、ちゃんとつかまえているところはあるかもしれませんねえ。

まあ、もうちょっと粘《ねば》れば、幸福実現党をマスコミが公認してしまいそうなところまで来ているので、これは最後の凌《しの》ぎ合い部分のところです。一定のレベルを超《こ》えれば、もう諦《あきら》めのレベルで、社会的存在になることもあります。

だから、今回、こういう小さな事件を、大きな事件のように報道させましたが、逆に墓穴《ぼけつ》を掘《ほ》ることもあると思います。

「幸福実現党なるものは存在しない」ということで、「諸派」として扱《あつか》っていたのに、事件のときだけ、「幸福実現党」として報道したところ、これが〝逆〟になって、「存在を認めざるをえなくなる」こともあるわけです。逆になることは、世の中、たくさんあるから、結果が本当に悪くなるかどうかは、まだ分かりません。

8　政治家になるということの「自覚」

今、教団としての「心の強さ」が問われている

酒井　このあと、衆院補選が、福岡《ふくおか》、東京であります（注。東京十区と福岡六区での衆議院補欠選挙が十月二十三日投開票で行われる予定）。

エドガー・ケイシー　はい。

酒井　これに向けて、幸福実現党として……。

エドガー・ケイシー　嫌《いや》がらせは絶対あります。

酒井　はい。

エドガー・ケイシー　それは、あるんです。絶対嫌がらせをしますね。それは、するでしょう。

酒井　また同じルートから指示が出て……。

エドガー・ケイシー　まあ、分かりません。やり方は一緒《いっしょ》かどうかは知りませんが、まあ、嫌がらせはするでしょう。

酒井　はい。

エドガー・ケイシー　出てほしくないでしょうね。だって、負ける可能性ありますからねえ。だから、出てくれないほうが……。もしほんとに（幸福実現党に）二万票でも三万票でも取られたら、（自民党が）やっぱり負ける可能性がありますからねえ。

酒井　これに対して、幸福実現党としては、どういう心構《こころがま》えで向かっていけばよろしいでしょうか。

エドガー・ケイシー　いや、それは、教団としての「心の強さ」の問題であって、このくらいでやめるのなら、まあ、それまでのものでしょう。だから、やめてしまっても結構ですし、やっても構いません。その代わり、〝返り血を浴びる〟つもりでやらないかぎりは駄目《だめ》だと思いますね。

だから、候補者が逮捕《たいほ》されるぐらいのことは当然覚悟《かくご》してやらないと、それは無理でしょうねえ。

選挙なんていうのは、「隅《すみ》から隅まで調べられて何にも引っ掛《か》からない」なんていうことはなくて、団扇《うちわ》一枚でも引っ掛かるんですから（笑）。団扇でも買収になるようなことがあるわけで、どこの意向が働いているか、それは分かりませんね。

今回の事件を経《へ》て、今後、心掛《こころが》けるべきこととは

磯野　今回の事件を教訓として、われわれ幸福実現党の党員、あるいは、幸福の科学の信者が心掛《こころが》けるべきことがございましたら、お教えいただけますでしょうか。

エドガー・ケイシー　まあ、「幹《みき》」と「枝《えだ》」をはっきり分けて、「枝葉のことと幹の部分とは違《ちが》う」ということを、幹部職員、支部長その他にしっかり理解させておくことが大事ですね。

あとは、立候補する人たちも、最初のころは有象無象《うぞうむぞう》であったことぐらいは、みんな分かっているけれども、長年やってきているなら、ある程度のレベルは要求されてくるようになってくるので、自分の行動を自重《じちょう》し、よくチェックする。まあ、言動《げんどう》に注意して、私生活にも注意することで、スキャンダルでやられないように気をつけなければいけない。そういうことができるようになってくれば、また公職に就《つ》くレベルが近づいているということでもありましょうからね。

まだまだ、これは続くでしょうね。

でも、これが嫌だったら、小さくなるしかありませんので、どこかに引っ込《こ》んでおとなしくしていれば、世間《せけん》が何も言わなくなります。まあ、それがよければ、それでもよいですけどね。

いちばん怖《こわ》がっているのは、
幸福実現党が公明党の〝交代要員〟になること？

（聴聞者席からの質問）

Ａ　自民党や公明党をはじめ、他党もいろいろなスキャンダルを抱《かか》えており、一方で、警察も社民党の施設にカメラを仕掛けたりといった活動を行《おこな》っています。幸福実現党は他党と比較《ひかく》しても極《きわ》めてクリーンだと思いますが、そのような幸福実現党の誇りについてご教示いただければありがたいです。

エドガー・ケイシー　だから、警察のほうも、それはまあ、公明党・創価学会《そうかがっかい》に比べれば（苦笑）、すっごいクリーンな団体であることは分かってると思います。

ただ、向こうは、そういうことをさせないような、実際上の権力を構築してきている団体でありますので。まあ、兵庫《ひょうご》県警が頑張《がんば》っても、山口《やまぐち》組を絶滅《ぜつめつ》させられないのと同じようなもので、一定の力があれば、それを上手に〝泳がせ〟て、管理することによって、力の均衡《きんこう》を図《はか》って、適当な人間を逮捕したりしながら、調整しながら存続しているようなところがありますけれどもね。

まあ、政党にもそういうところがありますので、「完全」ということは、どこもありませんけれども。

うーん、本当は、いちばん怖《こわ》がってるのは、「幸福実現党が保守政党として立ち上がって、公明党の〝交代要員〟になる」ということだと思います。

それは、今言った執行部《しっこうぶ》のほうですね。自民党の執行部のほうも、本当は分かっていることではあるんですよ。「公明党と組んでも、なかなか改革が進まない」というようなことでね。

だから、実際は、「そういうふうに（幸福実現党が）なるといいな」と思いつつも、「そうなるまでには、なかなか簡単ではない」ということも知ってるし。まあ、「それをするぐらいだったら、自民党のほうをストレートに応援《おうえん》してくれたほうが早い」というふうな考え方を持ってはいるんじゃないでしょうかねえ。

ただ、目先を見れば、「自民党応援」にすれば、それは、かなりいろんなものは緩和《かんわ》されるとは思いますけれども、（今は）〝喧嘩《けんか》を売っている〟状態にはなってきつつはあるのかな、と。

それから、（幸福の科学に）「世界レベルで政治を語られる」ことも、少し癇《かん》に障《さわ》っているところはあるかもしれませんね。まあ、しかたないでしょう。また、警察も今は、そんなに強い段階ではなくて、世論《せろん》を味方にしないかぎりできないレベルなんで。

例えば、世論を味方にすることで、「ホリエモン事件」だとか、その他、「投資事件」とか、いろんなものを、やってきております。まあ、「嫉妬心《しっとしん》を増幅《ぞうふく》させて、マスコミ世論で囲って、やる」というのは基本の戦略でありましょうからね。

だから、教団として、その嫉妬心をあまり煽《あお》りすぎて、「的《まと》」をはっきりとマスコミにつかまれないような努力は必要なのかなと思いますね。

そういう努力は、出世学《しゅっせがく》のなかにも、おそらく説かれていることなのではないでしょうかね。

酒井　はい。

政治家としての自覚を高めよ

エドガー・ケイシー　まあ、弟子《でし》のほうの自覚としてね、「政治家になるというのは大変なことなんだ」と。例えば、「参議院議員になるということは、六年間で二億円、税金を投入することになるんだ。当選すれば、衆議院であれ、参議院であれ、『先生』と呼ばれるようになるんだ」と。

あるいは、小池《こいけ》（百合子《ゆりこ》）氏が今回の都知事選で、「議会を冒頭《ぼうとう》解散するぞ」みたいなこと言っていたけれども、ほんとにやるんだったら、それは、「公職にある者の一斉《いっせい》クビ切り」ですから。会社で言えば、「全員リストラ」っていうことが起きるわけで、〝クビ切り〟に当たるわけですから、これは大変なことですね。労働組合があれば必死で抵抗《ていこう》する部分でしょう。そういう権力が発生することもありますからね。

まあ、その意味で、「候補者レベル」、あるいは、次の政治家になっていく人たちの、やっぱり「品質管理」、および、「レベルのアップ」は必須《ひっす》で、これから、もっともっとやっていかないと無理なところはあるのかなと思いますけどね。

酒井　はい。本日は、まことにありがとうございました。

エドガー・ケイシー　はい。

9 一定の大きさになれば戦いは起きてくる

大川隆法 （手を二回叩《たた》く）まあ、そうとうなものです。名前まで出てくるんですね。

酒井 ええ、かなり具体的に出てきました。

大川隆法 確かに、（「相模原障害者施設」殺傷《さっしょう》事件のリーディングでは）悪魔《あくま》の名前が出るぐらいだから、こうした名前が出てもおかしくはないでしょう。

ともかく、（本霊言《れいげん》を）信者さんに見ていただければ動揺《どうよう》は収《おさ》まるのではないかとは思いますが、支部長の説明ぐらいでは十分ではないかもしれませんね。まあ、しかたないでしょう。一定の大きさになれば、戦いは起きるものです。やはり、しかたがないところはあるし、今回、都知事選で増田《ますだ》候補が敗れたことの責任を持っていくところについて、今困っているのだろうと思いますので（笑）。

酒井　そうですね。

大川隆法　つまり、（彼らの願っているのは）社会的事件か何かに紛《まぎ》れてしまって、マスコミがそちらを報道するようにしたほうが望ましいということかもしれません。「もう少し粘《ねば》れば、リオのオリンピック報道が盛《さか》んになるので、それまで凌《しの》ぎ切ればいける」というあたりなのではないでしょうか。

まあ、（政治の世界は）〝恐《おそ》ろしい世界〟ではありますので、「ハトのように清らかでも、ヘビのように賢《かしこ》くないと生き残れない」ということですね。

戦う気力がなければ、安全性を目指して小さくなっていくのも一つかとは思いますが、今のところ、そう簡単に勢い自体は止まらないかもしれません。だから、次に立候補する方には、「逮捕《たいほ》されるぐらいは覚悟《かくご》しろよ。くさい飯《めし》の二週間ぐらいは食べるのを覚悟で立候補しろ」というぐらいは言っておかないといけないでしょう。

要するに、何にでも引っ掛《か》けられます。例えば、相手が信者のふりをして寄ってきて、やられたら、完全に引っ掛けられるでしょう。

酒井　そうですよね。

大川隆法　まあ、そのくらいの可能性はあるということです。

酒井　はい。本日は、本当にまことにありがとうございました。

あとがき

正義とは何の関係もない、悪法「公職選挙法」の即時廃棄《そくじはいき》を提案したい。

国民の選挙活動の自由を奪い、既成政党の党利党略《とうりとうりゃく》に奉仕する活動をこそ監視するのが、マスコミの使命だろう。フェアネスをいうなら、参院選、都知事選ともに公平な報道がなされたか徹底検証すべきだろう。後者に例をとれば、二十一候補中三候補だけが有資格者かのように連日報道して、結果がその誘導通りになったとしても、客観的かつ公正な報道とはいえない。

国民主権の侵害であり、秘密投票権の侵害である。

また警察も全体の奉仕者として、憲法に恥じるところがないかどうか、常々謙虚に神前《しんぜん》で己《おの》れを反省すべきだろう。民主主義政治においては、政治参加の自由は最大限に保障されなくてはならない。供託金《きょうたくきん》という罰金を払わせた上、新規参入を、細かすぎる法律の網で引っかけ、新人を犯罪人に仕立て上げるのは、貴族制、大名制《だいみょう》の復活に手を貸しているだけである。

とにかく、この国は病んでいる。正義・正論が通らず、唯物論的科学が横行《おうこう》する社会主義国家になりかけている。

隷属《れいぞく》への道（ハイエク）を選ぶか、自由の創設を目指すか。それが我々の主張し続けていることである。

神を信じない民主主義もまた、亡国への道である。民主主義は常に暴政をチェックし、神の子、仏の子としての国民の良心を信じるところから始まる。

可罰的違法性《かばつてきいほうせい》がない軽微《けいび》な事案《じあん》で、純粋な信仰心を有している善良な国民の心を多数傷つけるなら、現行憲法の主張する「公務員の罷免《ひめん》」の権利を再確認すべきだろう。

とにかく、神仏への冒瀆《ぼうとく》、神々への人間の反乱は、歴史の一時的逆流現象《ぎゃくりゅうげんしょう》だとしても、そう簡単に許してはならない。

二〇一六年　八月四日

あなたがたの主《しゅ》　エル・カンターレ

『幸福実現党本部　家宅捜索の真相を探る』大川隆法著作関連書籍

『愛と障害者と悪魔の働きについて――「相模原障害者施設」殺傷事件――』
（幸福の科学出版刊）

『今上天皇の「生前退位」報道の真意を探る』（同右）

『守護霊インタビュー　都知事　舛添要一、マスコミへの反撃』（同右）

『現代ジャーナリズム論批判』（同右）

『幸福実現党宣言』（同右）

『政治家の正義と徳　西郷隆盛の霊言』（同右）

幸福実現党本部《こうふくじつげんとうほんぶ》 家宅捜索《かたくそうさく》の真相《しんそう》を探《さぐ》る
──エドガー・ケイシーによるスピリチュアル・リーディング──

2016年8月5日　初版第1刷
2016年8月27日　第2刷

著　者　大《おお》　川《かわ》　隆《りゅう》　法《ほう》

発　行　幸福実現党
〒107-0052 東京都港区赤坂2丁目10番8号
TEL(03)6441-0754

発　売　幸福の科学出版株式会社
〒107-0052 東京都港区赤坂2丁目10番14号
TEL(03)5573-7700
http://www.irhpress.co.jp/

印刷・製本　株式会社 研文社

落丁・乱丁本はおとりかえいたします

ISBN978-4-86395-825-8 C0030

大川隆法ベストセラーズ・幸福実現党の目指すもの

幸福実現党宣言

この国の未来をデザインする

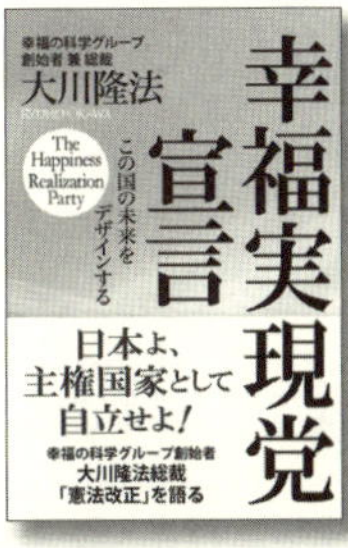

政治と宗教の真なる関係、「日本国憲法」を改正すべき理由など、日本が世界を牽引するために必要な、国家運営のあるべき姿を指し示す。

1,600 円

政治革命家・大川隆法

幸福実現党の父

未来が見える。嘘をつかない。タブーに挑戦する──。政治の問題を鋭く指摘し、具体的な打開策を唱える幸福実現党の魅力が分かる万人必読の書。

1,400 円

政治と宗教を貫く

新しい宗教政党が日本に必要な理由

大川隆法　大川真輝　共著

すべては人々の幸福を実現するため──。歴史、憲法、思想から「祭政一致」の正しさを解き明かし、政教分離についての誤解を解消する一冊。

1,500 円

祭政一致の原点

「古事記」と「近代史」から読みとく神国日本の精神

大川咲也加　著

古来より、神意を受けた「祭政一致」を行ってきた日本。その後、現代の政教分離に至った歴史を検証しつつ、再び「神国日本」の誇りを取り戻すための一書。

1,300 円

幸福の科学出版

大川隆法 霊言シリーズ・安倍政権のあり方を問う

安倍総理守護霊の弁明

総理の守護霊が、幸福の科学大学不認可を弁明！「学問・信教の自由」を侵害した下村文科大臣の問題点から、安倍政権の今後までを徹底検証。

1,400円

吉田松陰は安倍政権をどう見ているか

靖国参拝の見送り、消費税の増税決定――めざすはポピュリズムによる長期政権？ 安倍総理よ、志や信念がなければ、国難は乗り越えられない！【幸福実現党刊】

1,400円

父・安倍晋太郎は語る

息子・晋三へのメッセージ

天上界の父親の目には、長期政権をめざす現在の安倍首相の姿は、どのように映っているのか。息子へ、そしてこの国の未来のために贈る言葉。

1,400円

大川隆法霊言シリーズ・自由の創設を目指して

ハイエク「新・隷属への道」

「自由の哲学」を考える

消費増税、特定秘密保護法、中国の覇権主義についてハイエクに問う。20世紀を代表する自由主義思想の巨人が天上界から「特別講義」！

1,400円

ハンナ・アーレント スピリチュアル講義「幸福の革命」について

英語霊言 日本語訳付き

全体主義をくつがえす「愛」と「自由」の政治哲学とは？ かつてナチズムと戦った哲学者ハンナ・アーレントが、日本と世界の進むべき方向を指し示す。

1,400円

超訳霊言 ハイデガー「今」を語る 第二のヒトラーは出現するか

全体主義の危険性とは何か？ 激変する世界情勢のなかで日本が進むべき未来とは？ 難解なハイデガー哲学の真髄を、本人が分かりやすく解説！

1,400円

ヒトラー的視点から検証する 世界で最も危険な独裁者の見分け方

世界の指導者たちのなかに「第二のヒトラー」は存在するのか？ その危険度をヒトラーの霊を通じて検証し、国際情勢をリアリスティックに分析。

1,400円

※表示価格は本体価格（税別）です。

幸福実現党シリーズ

幸福実現党テーマ別政策集
1「宗教立国」

大川裕太　著

「政教分離」や「民主主義と宗教の両立」などの論点を丁寧に説明し、幸福実現党の根本精神とも言うべき「宗教立国」の理念を明らかにする。【幸福実現党刊】

1,300円

幸福実現党テーマ別政策集
2「減税」

大川裕太　著

消費増税の中止など、幸福実現党が立党以来掲げてきた「減税」政策に関するさまざまな反論に対して、懇切丁寧に解説、疑問を一掃する。【幸福実現党刊】

1,300円

いい国つくろう、ニッポン！

大川紫央　釈量子　共著

幸福の科学総裁補佐と幸福実現党党首が、「日本をどんな国にしていきたいか」を赤裸々トーク。日本と世界の問題が見えてくる「女子対談」。【幸福実現党刊】

1,300円

太陽の昇る国

日本という国のあり方

釈量子　著

幸福実現党・釈量子党首が、九名との対談を通して日本の未来を描く。混迷する日本を打開する「知性」、「志」、「行動力」が詰まった一冊。特典DVD付き。【幸福実現党刊】

1,200円